MANUEL NETO DOS SANTOS

VIAGEM

DOZE MEMÓRIAS
para
VICENTE ALEIXANDRE

WANCEULEN
Editorial

WANCEULEN
Poética

Título: VIAGEM
Autor: MANUEL NETO DOS SANTOS

Editorial: WANCEULEN EDITORIAL
Sello Editorial: WANCEULEN POÉTICA

ISBN Papel: 978-84-9823-982-9
ISBN Ebook: 978-84-9823-983-6

Impreso en España. 2019.
WANCEULEN S.L.C/ Cristo del Desamparo y Abandono, 56 -
41006 Sevilla
Webs: www.wanceuleneditorial.com y www.wanceulen.com
Email: info@wanceuleneditorial.com

Por saber que es el dolor y no la alegría

que nos hace más fuertes...

Para mi Amigo Antonio Wanceulen,
con fraterna amistad

29 Outubro/ 22 Novembro

2014

1ª memória

Da intuição
Como "já vivido"

1

Dizer-vos que não sei

Deste comando austero

Que chega em catadupa,

De forma imperativa,

Quando, algumas das vezes,

Lhe digo que não quero

Me assalta, voluptuoso,

Montando-me a garupa

Para que, à desfilada,

Dos ritmos, me componha

Por versos vos descreva,

Lembrando capitéis;

Num simples rasgo, ao Sul,

Que traz a madrugada...

E nada mais existe...

Das privações cruéis

2

Dizer-vos quanto ignoro,

O quanto desconheço

A origem que me traz,

Por certo, a intuição

É dizer-vos que almejo

Mesmo ao dizer " não peço",

Quando suspiro um " sim"

Quando lhe grito " não!"

Não sei se o " já vivido"

Me entrega o poderio

Ou se, antes, o recrio

Tal como imagem baça...

E se uma imagem pode

Bem ser o calafrio

A sedução maior

Para a maior desgraça.

3

Parece que já trago

O imenso mar de ideias,

De cheiros, ou de aromas,

De odores, ou de perfumes,

E luzes de faróis,

De velas ou candeias,

De fachos, de fogueiras,

De brasas ou de lumes...

Submisso, vou servindo

O que me chega, abrupto,

E, nessa servidão,

Descubro-me senhor...

E tudo, em minha alma,

Que aparentava luto;

Revela-se paleta

A transbordar de cor.

4

E eu sigo por carreiros

Dos quais ainda não sei

Onde passam a ser

Estradas, em largueza,

Sabendo, tão somente,

Que é esta a minha lei,

Que é este o meu destino

Na grácil singeleza

Tal como a natureza

Que nunca se interroga

Que vive, por viver,

Que a isso só lhe obriga

O acto de viver

E em tudo lhe advoga...

Pois assim, também vou,

Vogando, a força antiga.

5

No oscilar de uma espiga.

Papoila que ensanguenta

Pelo oiro do trigal,

A folha coroando

De cobreado encanto

Num ramo, por Outubro,

Que oscila, sensual,

E descreve a magia

Que nestes versos canto.

Tal como o ervado tenro

Que os montes esverdeia

As encostas pincela

E os vales já recorta...

Dizer-vos que não sei

De onde vem a ideia

Que a alma me alimenta.

6

É uma hesitação

De simples letargia

Que me parecia " morta".

Amigo do silêncio,

O que vos faço é pouco;

Aguardo que me cheguem,

Tal como um bando de aves,

As frases que desenham

No céu; subtis e graves

Ao meu recolhimento...

Como se fosse um louco.

E passo, pelo mundo,

De mísera figura;

Aspecto de mendigo,

Semblante de cigano

E agitado talento.

7

E o mundo, pobre tolo,

Não vê como é engano

A reles aparência

Por onde tenho abrigo.

Dizer-vos que o casebre

Por onde desenhais

A imagem de mentira

Que a mim não corresponde...

É como desenhar

À beira – rio o cais

A que o oceano chega

Sem nunca ter "avonde".

E vou como se fosse

Pedinte de outra idade,

Sedento de outra altura

E o mundo julga ver

8

Em mim mediocridade;

E o mundo tem antolhos,

Cegueira, hipocrisia

E pérfido mester.

Dizei-me, pois, ó flores,

Riachos sussurrantes,

Estrelas pelos céus

De luzes salpicados...

De onde me chegou

A minha voz de antes,

Para onde me encaminham

Os passos indicados?

Que bússola me pôs

Na alma a natureza,

Nos olhos este génio

Que sonha ser palavra

9

Que já me leva, agora,

Por todos esses lados

Por onde o amor existe

Pela Língua Portuguesa.

Fazei, vá, confidência

Ó brisas de levante,

Tormentas de nortada,

Ou vagas de sueste...

Por que me pede a phala

Que escreva e que vos cante

A litania de alma

Que chega tão agreste.

Contai-me, vós, por bem

Pastores que vejo ao longe

Levando a mansidão

Desse breve rebanho...

10

De onde me chegou

Meu coração de monge

Meu sacerdócio triste

Neste convento estranho.

Que nenhum outro deus

Adora, nem venera,

Que não seja o fulgir

Da luz ao fim da tarde

Na promessa dos frutos

Na ante- Primavera...

Ou pelo sol veemente

Que, de manhã, já arde.

Dizer-vos que madrugo

Com versos despontando

Como desponta o astro

Além no horizonte...

11

E que a fala interior

Me pede que vos cante

Com o suspirar da aragem.

Tão envolvente e brando.

Eis a plena verdade

Que traz a narrativa

Desta envolvência e encanto,

Deste fascínio imenso.

Dizer-vos que não sei

Se eu sinto quando penso

Ou penso quando sinto

E existo... por ser tanto.

Ao ver a simples folha,

Se a brisa vem e agita...

Oscila-me, no peito,

Um não sei quê de estranho

12

E do viver maninho,

Rasteiro, bem tacanho,

Surge o poeta e a vida

Desperta e enfim rutila.

E tudo ganha formas

Mais largas, desabridas,

E a voz crepita em mim

Neste pleno alvoroço

E de caderno em punho,

Andando, sou o moço

Que andava pelos campos

Horas a fim, perdidas.

Recordo, ainda agora,

Esse calcorrear

Pelos montes, pelas fazendas,

Barrancos e valados

13

E aprendia dos pássaros

As cores, o seu trinar,

Tempos de sementeira

Dos frutos pendurados.

E se na minha alma,

Ainda camponesa,

Agora duvidar

Do mundo, e das pessoas,

Por certo existe, em mim,

A única certeza

Que és tu, ó mãe poesia,

Que os erros me perdoas.

Dizer-vos quanto ignoro

De onde surge então

A ânsia de escrever,

De descrever o mundo,

14

No mágico momento

Em que a inspiração

Faz, deste humilde olhar,

Um outro olhar, profundo.

E tudo se apresenta

Como outra dimensão,

Com outro alcance infindo,

Outra solenidade...

Dizer-vos ? Não consigo

De onde vem e invade

A verve de poeta

Guiando a minha mão.

Interrogo, e não sei,

Pergunto sem resposta

Que não seja dos versos,

Das rimas, o redobre;

15

Divâ alexandrino,

Suave, a que se encosta

E plácido dormita

Num sono bem mais nobre

Letargia que encerra

Os olhos para o descanso

Do corpo, e das fadigas;

Repouso merecido,

Acorda a minha alma

Se, de pronto, ao ouvido

Crepita o som de um verso

Como ribeiro manso.

Dizer-vos que não sei...

Descreve-me a mentira

De um fingimento atroz

Pela bênção da escrita.

16

De máscaras que ponho,

Como um anfiteatro

Onde respiga o sonho

E o coro da memória

Que ao coliseu me atira

Nas rédeas, da quadriga,

Atadas nos meus dedos;

Desenho este destino

Escravo e circular...

No areal da luta,

Descrevo esses penedos

Com a mesma placidez

Que existe no meu lar.

Dizei-me pois, marés

No vosso vai e vem

Se foi de vós que obtive

17

O ramerrão das frases

Na ondulação dos sons

Que tenho, por meu bem,

Maior que a própria vida;

Mais fortes e capazes

De me alterar a rota

Para novas descobertas,

Das novas maresias,

De impérios por achar

No fórum da minha alma;

Janelas, mas abertas

E nos templos sagrados

Apenas o luar.

Dizei-me, que o não sei,

E assim vos estou dizendo

Como se confessasse

18

O crime mais hediondo...

É como em céu rasgado

Inventar um remendo

Pelos campos espraiados

Os versos que vou pondo.

Do pouco que concebo,

Nesta sabedoria,

Esculpo a estátua de mim,

O torso inacabado;

As rimas são vestais

Que adoram a poesia;

A deusa do meu peito

Que levo a todo o lado...

O nome de uma coisa

Em espírito verbal

Pois que não somos nós

19

Que as palavras criamos;

Dorme em mim um filósofo

Tal como pelos ramos,

Após cantar, o verbo

O verbo inicial

Na mística certeza

De me sentir poeta

No meu isolamento

Tão trágico, profundo;

Gerando-me a mim mesmo...

Como se fosse o mundo

Que a página de um livro

É terra semeada

Dizer-vos que não sei

Bem sei não leva a nada

Cantando o céu e a grei.

Escritório

S.b.messines, 30 de outubro 2014

2ª memória

Do conhecimento

Como memória

1

De tudo o que aprendemos

Ao longo de uma vida

Nas simples cantilenas

De um dia cada vez...

Agora e sempre a força,

Vital e oferecida,

Nos dias que perfazem

A estrofe que é um mês.

Erguemos as muralhas,

Os muros, paliçadas,

Quando desconhecemos

E isso nos dá medo,

Tal como por paisagens,

Em sonhos retratadas,

Por essa pátria incógnita,

Estranha, por degredo.

2

Aprendemos somente
Se a alma se desnuda
E o desconhecido
Tomamos num abraço
E vamos com a ajuda;
Humildes, passo a passo,
Pois passo a passo erguemos
Tudo isso que nos muda.
E tomamos nas mãos,
Como se fosse um filho,
Um livro que se lê,
Um quadro contemplado
Que a arte pode ser
Esse longo rastilho;
Etéreo, transparente...
Que explode um qualquer lado.

3

Aprendo; dos espaços,

Dos sonhos, desafios,

Dos homens e das coisas

Um deus que não entendo;

Ideal de beleza

Nesse teu queixo o mendo

E a lua prateada,

O veludo dos rios.

Grandes filosofias

Ou simples esvoaçar

De frágil borboleta

Que vai, de flor em flor,

Tal como já voltejam

Meus olhos pelo ar

Ou dedos desenhando

Teu corpo, meu amor.

4

Um livro é o fascínio

A que jamais resisto

Pois leio como escrevo;

Nesta sofreguidão

De só viver metade

Pois que esta vida é isto:

Tumulto de saber

E não dizer que não.

À ársis vem, depois,

A tésis da mudança

Tal como quando aprendo

Que a vida, de hemistíquios,

Ostenta o ritmo e a dança

De forma alexandrina

Que se espraia à vontade

Num verso rectilíneo.

5

Dos metros com que escrevo,

Dos beijos com que alcanço

Terrena felicidade

Maior com que me apraz

Ostentar, nesta essência,

Toda a força capaz,

Enorme, de uma noite

Lavrada só de avanço

Para descrever poema

No ínfimo das coisas...

É evocar-te, voz,

E ver como tu poisas

Assim... na simples gota

Lembrando um diadema

Se a aragem já se rasga

Mas nunca segue rota

6

Mas antes se remenda;

Renda mas não de bilros

Mas só de etéreos nós.

Eu tenho, na poesia,

A grande educadora

Que ensina à minha alma

O sonho, a perfeição,

Criando um outro deus

Mas este mais pagão

Que o vinho do deus Baco

Na taça sedutora.

Se os meus defeitos, todos,

São excessos da virtude...

Que seja a minha essência

Poesia, e não a forma

Num facho que encandeia

7

E encandeando ilude

Tornando a ignorância

Em cinzas, vê, por norma.

Se eu tenho a minha graça

Na força da poesia,

Por isso feminina

Como expressão do belo...

Poesia é flor da vida

Que a flor... é a magia;

Afinação interior

Num portento; castelo.

Concentro o ritmo e o verso

No copo cristalino;

Licor da minha essência

De riso fulminante

Pela terra da poética

8

Que pede que lhe cante

Por ser tão verdadeira,

Serena e natural,

Desabrocham em mim

As flores ora perfeitas

Outras de fealdade

Que a musa visiona

Pelo mundo ideal

Criando, no meu espírito,

Lugar onde me enfeitas,

Oráculos de profetas;

Ilustre intuição,

Voz orfaica de ascetas

E harmónica visão

Do sentido da vida

Se a alma, mais sangrenta

9

Procura e não se encontra

Pois nisto reinventa

Lutando, sem vitória,

Já que a virtude é

Procurar sem saber

O que se há- de achar...

E o meu templo inteiro,

Sagrado, o meu altar,

É esta voz ateia

Transbordante de fé.

Por isso é que vos crio

Pela precaridade

Bem mais do que se fosse

Pela crendice vesga

Porque a mística vulva

Contemplo, numa nesga,

10

De terra já lavrada;

O grão que tomba e invade.

O ígneo verbo busca

Pela essência das coisas

Portanto... é que o pecado

É muito mais divino

Do que inocência austera

Mais leve do que o voo,

O brilho destas loisas...

E eu grito nos meus livros

Ilusões de menino;

Valor primordial

O encanto da poesia

Que o som é luz ouvida

No silêncio divino

Já que falou de mim

11

Bem cedo. Foi o dia!

Embriaga a palavra

Bem mais do que Falerno;

O vinho da Campânia,

Dos campos companhia

Que a palavra retrata

Tudo o que é eterno

No âmago das coisas

Ou luz que é elegia.

A tristeza campestre

Por onde vejo as ondas

E o verbo original,

A musa, e a gramática

De um andor de palavras

Onde se esconde a prática

Num céu, mas não de estrelas;

12

Um verso, um temporal.

Sinais de tinta ou lume

E estendo as mãos de um cego

Pedindo, num queixume,

A esmola de um poema

Como simples migalha

Pois se o meu canto é luz...

A alma é simples gralha.

Se a dor se suicida

Na parca inspiração

E ao fechar dos dedos

Tacteio, em minha mão,

Um misto de loucura,

O delírio de um anjo

Guardando, na cegueira,

As paisagens que esbanjo.

13

E a linha do horizonte,

Que se afasta de mim,

Relembra-me uma fonte

A alma e o sentimento;

Tudo o que é imperfeito

Lá onde é, pelo ervado,

Que esta tristeza deito

Quando, pela emoção,

Transformo em pensamento

E a profundidade

Em mísera virtude

Senão... ao ser poeta

Eu morro mais, que é rude

Entender que só morre

Quem a morte compreende

Cantando, como o vento

14

Na música excessiva

De viver por inteiro;

Num doido, num poeta;

São de tal modo irmãos

Que distância não há

Tal como um nevoeiro

Lançando um véu etéreo

Juntando o céu aos chãos.

Há tanta gente, tanta,

Que vive estando morto

E outros só morrendo

Tal como eu, poeta,

Encontram no silêncio

Vastíssimo conforto.

Percorro as cercanias...

Lá onde o azul se enceta.

15

Eu leio como escrevo;

Compulsivo, alterado

Que é alta e luminosa

A altura do meu sonho

Sentindo um vago escuro

No peito desfraldado,

Pela música excessiva

Que nem sei onde ponho.

É pelo espaço imenso,

Por onde se vislumbra,

Pela força de escrever

A garra desabrida...

Por lá faço, do espanto,

Qualquer outra penumbra

Como a sabedoria

Do olhar... esbanjando a vida.

16

Olhar vago e profundo

De quem foi enviado

Para sublimar o vulgo

Patético e banal

E mostrar-vos que as coisas

Ostentam, tal e qual,

A beleza maior

Que um David escavado

No corpo da natura...

Desponta a sapiência

De tudo o que se aprende

Pelo carreiro da vida...

Destarte, vejo a lua

Brilhando, oferecida,

Como se fosse em mim

O exílio, a sonolência.

17

Poeta é ser profeta

Com interesse vital;

Faminto de infinito,

Carente de outro espaço;

Cioso, foragido

Sem que dêem por tal

E abraça, com os olhos,

O mundo num abraço.

Tem a mulher no sangue;

Lascívia à flor da boca.

Magro, de olhos ardentes

Com febre de luar...

E a última verdade,

Sedenta, quase louca;

Confessar-se poema

Na fundura do mar.

18

Dos mitos se ergue, a pulso,

Verdadeiro universo

Como a árvore que é árvore

Se a chuva se derrama

Como a esperança que foge

No tempo tão disperso,

No desvario da infância

Cortante, ardendo em chama.

E, num simples olhar,

Contemplo o infinito;

Infância que persegue

Velhice já composta

Esculpindo-me os espectros;

A rosa no seu grito

Vermelho, mas de cor...

No ombro de uma encosta,

19

De tudo o que aprendemos...

Somente pelo regresso

No choro pelo escuro,

Medrosos, tão humanos;

Sentir todos os medos,

Mais nada já vos peço

Quando por mim ficaram

Cinquenta e cinco anos.

As árvores e as flores;

Eis o que me ficou

De tantos devaneios,

Menos sabedoria.

Como podia eu

Dizer que estou em voo

Se é pelos olhos meus

Que já se arrasta o dia?

Porta do cemitério de s.b. Messines

31 outubro de 2014

3ª memória

Do valor

Como verve

1

Na imagem repentina,

Ébrio de claridade,

A dor da solidão

Eterna convivência;

Crepúsculo da alegria,

Desejo de saudade

Como murmúrio de água

De um rio que não havia...

E esse murmúrio aumenta

A sede pressentida

Se; lembro, logo existo.

Lusíada tristeza

À sombra de idealismo

No Agosto da magreza

Do sonho, junto ao abismo.

2

Florescem-me os sentidos

Nas estações confusas

E a essência é bem mais clara

Do que qualquer presença;

Um sonho que se lembra

Pelas palavras lusas

Que entre a alma e o corpo

Não encontro diferença.

Como podia eu

Negar a tradição

Da alma do meu povo,

Saudade por lembrança?

Sou como a velha sara

Dando "à luz" a criança

Um filho, a noite escura...

No lídino clarão.

3

Num mar de adamastores,

De tágides, titãs...

O oceano infindo

Que, a sós, daqui perscruto

Colho, pelos meus olhos,

Os frutos das manhãs

E o sol como se fosse

O proibido fruto.

E a morte não existe,

Tal como não há medo;

Que a vida justifica

A morte, isso sim.

A única certeza

É esta; este degredo,

O versículo sagrado

De um dia sem ter fim.

4

Brilha, só por brilhar,

O sol, num céu azul;

Decomponho, nas lágrimas,

Todas as cores do sul.

Lampejos, pois viver

É descansar da morte.

Morrendo é que aprendemos

Vir a zombar da sorte.

Num céu anoitecido

Por lá me recomponho

Tal como a estrela inclara,

Um cometa mendigo

Pedinte dessa luz

De que se faz o sonho,

Nos eclipses de mim,

Gritando... por abrigo.

5

Saber que a eternidade

É tempo adormecido

E as horas uma só...

O tempo não existe

Orvalha o fogo e a sombra,

A música ao ouvido

Na força criadora

De uma alegria triste.

No futuro, descansa,

Passado que amanhece

O espaço verdadeiro

Que justifica o "nada".

O amor é doloroso

Quando, por si, padece

Na treva em que se esconde,

Regaço da alvorada.

6

Deito ao mundo, nos sonhos,

Dos gomos que há na flor

E formas de loucura

Na praia do ruído;

Luz, cântico da treva

Raiando, sedutor,

Num gesto de bondade

Esmolando o meu ouvido.

Se durmo, é a vigília

A forma mais sagrada

Da imagem reflectida

No palpitar dos sons;

Quem ama odeia o amor

Que amar é sermos nada

Na refracção dos tons,

Na podridão da vida.

7

E assim, a minha alma
É uma prateleira;
Guardo tudo o que sinto.
Quiçá, virá o dia
De onde hei-de tirar
Aos poucos, demasia,
Do que entreguei à vida
Tal como um labirinto.
E se a prenhez, para mim,
É símbolo de riqueza
Como se renascesse
Do cáustico das águas...
Eu sou Artemidoro
Em cuja flama acesa
O sonho é combustão
Nesse fulgor das mágoas,

8

De ideias, incidentes

No rebusco dos dias

Nesse sentido oculto

Que a própria vida tem...

Eu julgo ser eu mesmo

Mas sou as penedias;

Eu sinto ser um outro

E vede; sou, " ninguém".

E guardo as raridades

Desses meros momentos

Em que a simples paisagem

Vale o museu do prado

Que o prado, em gestos lentos,

Me fazem celebrado

Na aparência do sonho,

No tronco da vigília.

9

Eis o sujeito e o mundo
De sonhos ferrugentos
Eis porque não regresso,
Quimeras de criança,
Pois que ficar por lá
Seria; não a herança
Antes a guilhotina
Dos versos avarentos.
Não sei se durmo, acordo,
No acto em que escrevo
Mas sei, ó sei, do enlevo
No pórtico da entrada
De um templo levantado
Sobre a mágoa dos dias
E encanto do passado
Remirado , do avesso.

10

Se o génio é uma cura

Como indutor generoso,

Vou escolhendo as imagens

Das quais eu mais preciso

E limpo o que não quero;

Aí reside o gozo,

A fruição, o aviso...

De mim mesmo à procura,

Escumando a realidade,

Depuro, o que padeço,

Como se águas de prata

Fizessem o meu lago;

Não sei de onde venho,

Quem sou e o que vos trago

Como ilha solitária;

Segredando-me a idade.

11

O sentido dos dias

Não é a luz doirada

Que indica um outro alcance;

Das pedras, a certeza

Que a alma apazigua

E a não torna passiva

Na vigília do ser

Ou praia vislumbrada.

Sou eu quem orienta

Os rumos a traçar

A compasso do passo

Nas pausas entre os saltos...

Assim vou descrevendo

Um outro respirar;

Voando sobre as ervas,

Sobre os pinheiros altos.

12

Pelos campos do sonho,

São todos os sentidos

Mais vívidos, mais fortes

Tal como uma paisagem

De tempos já vividos

Ou numa estátua grega,

De perfeitos recortes.

Trago, do sono imenso,

Como se fosse um poço,

Memórias do futuro,

Essências do presente

Por existir, em mim,

Bem mais, do que alvoroço,

O plácido torpor

Que me sussurra: "em frente!"

Cantando os tempos idos..

13

A terra misteriosa

Que é todo o meu redor;

As nuvens que são vistas

Num breve voo de olhar

Pelos outros...são, para mim,

O que há de melhor

Pois é nas mesmas nuvens

Que encontro o meu lugar.

Daí haver nos cúmulos

A máxima poesia

Tal como nas certezas

Que são fugacidade

Desse encanto nos olhos

Que lava, e alivia,

Como estrelas nocturnas

Que se mostram acesas...

14

Existem, sob as pedras,

Segredos mais altivos

Que as grandes catedrais

Pregando o cristianismo...

Por isso chamo irmãos

A todos os seres vivos.

Não sei se sou poeta

Ou se, morrendo, cismo.

Conheço, das charnecas,

Dos férteis barrocais,

Barrocas fascinantes

Das lendas que sou eu...

Como pálida luz

Que nos indica o cais,

Ou remorso infinito

Que perturbou Orfeu.

15

Há uma névoa escura

Espalhando, sobre tudo,

Como lençóis estendidos

Cobrindo os móveis velhos...

Regresso do futuro

Que o presente é futuro

Ensinando ao passado

O que hão-de ser conselhos.

Sou tudo, quando vejo,

Se o meu olhar se perde.

Quando olho o rio, sou rio,

A folha, o remoinho,

E sou folha também

Encrespada de frio.

Silêncios e alaridos

Das aves nos silvados.

16

Mascaro a realidade

Com máscara de "persona"

E assim como do lodo,

Crescendo, vem à tona

Também surgem os versos

Do fundo de um açude

No borbulhar do ensejo

Que o desespero me ilude.

Arcaico nos meus mitos,

Sereno nas ideias,

Arredondo um deserto

Que eu sou... mas não de areias.

Se crio, ou se adivinho

Neste bruxedo ameno...

Eu não sou a viagem;

Apenas o caminho.

17

Há patamares, varandas,

Escadas e açoteias

Que me levam pela mão

Para que me veja além

E esse jorro enorme

Que deitam luas cheias...

Eu olho, olho, olho

Mas não vejo ninguém.

Para onde é que parti,

Onde já não pertenço?

Que rasgos, que memórias

De mim deixei para trás?

E chega-me um torpor

Como se fosse um lenço

Agitado pela brisa

Que, agora mesmo, faz...

18

Na imagem repentina,

O claro devaneio,

A força evocativa

Desfralda a ousadia

E eu pairo, à flor do sonho,

Nas corolas do enleio

Mesmo que a alma sangre,

Espancada, em carne viva.

No acto em que adormeço

Sou disso consciente

E a essência fica ali

Velando, à minha frente,

Para o sono dos justos;

Poetas e dos loucos

E eu deslizo para o vale;

Adormecendo, aos poucos.

19

Cristalina lembrança

De aurora alaranjada

Que surge, de nascente;

Lasciva, espreguiçada,

E põe, do monte ao mar,

Um não sei quê sagrado

Que eu (digo ser descrente)

Reaprendo a rezar;

Essa forma de ouvir

Mas só pelo coração

Sem hóstia que não seja

O sol, no seu clarão.

Assim... basta uma imagem

Para despertar do sono,

Oferecendo-me a tudo

Neste pleno abandono.

Biblioteca, casa

3 de novembro de 2014

4ª memória

Da sensualidade

Como dádiva

1

Na esteira de outros versos,

O corpo que se oferece

Lavrado nas palavras

Na mística pujança...

Lembrar-vos-á a prece

Composta num sorriso,

Ingénuo, de criança

Fugindo ao paraíso.

Ermita, por aqui,

Sem coroa de loureiro

Mas de intenso labor;

Se primo pela ausência,

A ausência faz-se cor

Na viva claridade;

De súbito, a janela

Desse teu corpo inteiro.

2

Chego-me ao parapeito

Da tua sedução

Num acenar dos olhos,

Num sorriso com a mão

Que se estende, perfeita,

Para que eu possa ver

O universo inteiro

Do gozo, e do prazer.

Sem ti, sou fragmento

De um mosaico partido

Mas basta o teu sorriso

Para contemplar, erguido,

O esplendor da seara

Que ondeia sensual

Nos requebros de um corpo

Etéreo... mas carnal.

3

Segreda-me a prudência,

O tímido cuidado,

Como se de uma sombra

Tivéssemos nascido...

E eu vejo, nos teus olhos,

Em ti, meu terno amado,

O encanto prometido;

Sem medos, nem escolhos.

No aspecto mais puro,

Sejamos carmesim

Ou harpa dedilhada...

Quando sorris para mim.

Por ti, crio o sentido

Da língua que não há

Na magna irrealidade

Como matriz do olvido.

4

Feita de irrealidade,

A nossa entrega almeja

Um cântico de afecto

Onde o amor sobeja;

Desnuda-se a palavra

Caindo, letra a letra,

No fascínio por ti

Grafado na poesia

Que te amo, ainda agora,

Tal como então dizia...

Que o tempo se encandeia,

Se entrança e se desata,

Por isso esta paixão,

Serena, é mais pacata

Que a mansidão de um rio

Ou tímido regato.

5

Em nosso amor não há
Esses lugares-comuns
Ritmos binários como
No solfejo a cadência.
Interrogo os meus dedos
E eles dão-me alguns
Exemplos desta entrega;
De uma sublime ardência.
Confunde-se, pelos corpos,
Quem é quem e porquê
Que pela obscuridade
Se justifica o brilho
De um clarão sendo nós
O espelho, como um filho
Que o grito de prazer
Revela e que se vê.

6

Se eu minto no que escrevo
É para não esquecer
Que nós, somos metáfora,
Estranheza por dever,
Eis pois que és já poesia
Para despertares, em mim,
Os carreiros da alma,
A forma da raiz
Amamentando a cor
Que no céu se sustém.
Basta-me o teu sorriso
E a palavra, feliz,
Crepita em minha alma
No terno sacrifício
Em que me faço altar
Pagão, na penedia.

7

Pelos sons, e não pela boca,

Pelos beijos, não pelas fragas...

O místico pendão

Que a este corpo tragas;

Fogoso como a neve

Que a montanha soterra

Assim, traz-me de volta

Os regaços da terra

Para os ternos exageros

Do mais sublime aumento

Que, perante os teus olhos,

Descrevo, finjo e invento

Na distensão dos gestos

Tão lânguidos e esgotados...

E as flores, pelo jardim,

Repetem nossos brados.

8

Na esteira de outras rimas

Ainda, sem rodeios,

O calor dos mamilos

Dos masculinos seios

E o prado do teu corpo

De matagal espesso

Que desbravo com os dedos

E o meu amor confesso

Se a fronte lá repouso

E os lábios pastoreio

E a mornura da pele

Exala, pelo meio,

E tudo em mim se ajusta

Ao corpo sabedor

E sabe a dor, robusta,

O prazer pela dor...

9

Se eu minto no relato,

Na descrição inquieta...

É porque, assim, deslindo

A essência de poeta

Que o sonho é mais verdade,

Mais grácil poderio

Que a vida de um regato,

O poema de um rio.

Se nada disto fôra

Como urge que vos conte...

Do chuvisco das lágrimas

Nunca haveria a fonte

Que a sede, hoje, mitiga

E a fome já me estanca

No tom róseo da pele,

Tão clara, quase branca.

10

Chego-me junto ao muro

De ti, como açoteia,

Sorris e não sei bem

Que encanto é que me enleia

Pois que enredado fico

Nesse novelo estranho;

Entrançado de espanto

No meu corpo castanho,

Moreno, de arabesco,

Escorreito, oriental,

E no apogeu de nós...

Irrompe o litoral;

Na babugem do mar

Das bocas salivadas,

Recessos de falésias

Fálicas cumeadas.

11

Esfacela-se o cansaço

Nas últimas estocadas

E os beijos são...boquejos

No estrondo de alvoradas

A transbordar fartura

De tudo em que nos demos;

Carícias e ternura

No fausto do silêncio

No garbo da harmonia

Pois é, pela nossa voz,

Que se estremunha o dia

E acorda, em pleno agrado,

Gongórico e real

E ainda, em minha boca,

De ti, o gosto a sal

Viril e celebrado.

12

Depois... a maciez

Do sono e da brandura

Da plena amenidade;

Descanso que procura

Este corpo exaurido,

Feliz e indolente,

Que se molda pelo sono

Estendido, ali em frente,

Se entrega e fica frouxo

Na placidez da morte

Tal como um pano roxo

Esperando o vento norte...

Assim, de ameno arrojo

Maior que a ousadia

A audácia, já dormente,

Parece letargia,

13

E os passos dos olhos

Arrastam-se, oferecidos,

Na embriaguez da pele

Peganhez dos sentidos

Mergulhando no pego

Ou nesse abismo escuro

Que, após a plena entrega,

Aguardo e já procuro

Na forma soberana

Irmã da própria morte

E lança o negro manto

Espesso, espesso e forte...

Lembrando a exaltação

Da mística pujança

Que só pelo coração

Da alma é que se alcança.

14

Na esteira dos cansaços

Deste amor excessivo,

Afivelo o desejo

E durmo nos teus braços

Nesse país ardente

De inóspidas lonjuras.

Por nobre imaginário,

Compomos as mais puras

Visões de nós, ainda,

Fiéis e entrelaçados

Tal como trepadeiras

Pelos ramos derreados

Pelo sol, em labareda,

Abrasador, radiante...

Meu terno amor e amante;

Rosado como a seda.

15

Golpeio a solidão,

O abrasamento incerto,

E canto (no teu nome)

A Berto... a céu aberto.

E tudo me regressa

Afogueado e o mesmo

Tal como o teu sorriso

A descrever-me o sesmo

E o teu corpo a dizer-me

Que te amo loucamente

E eu vejo, pela epiderme,

Os campos mesmo em frente

E enfrento a nostalgia,

O choro, e o abandono,

Se ofereces a magia

De partilhar o sono.

16

Irrompe outro " crescendo"

Indomável, feroz,

Que me pede que escreva

Mas não com esta voz

Mas sim com a dos dedos

Deste meu corpo inteiro...

Chamando-te de amigo,

De amor e companheiro...

E tudo em mim renasce

Ou antes já desperta

Esculpindo a madrugada

Por uma fresta aberta,

Que rasga o horizonte;

A fêmea por parir

O filho que há-de vir;

A tua boca a rir.

17

Agora... o " moderato";

Cadência que se apouca

Da luz irrequieta

De um beijo à flor da boca

Se os teus lábios desato

E o dia é todo expresso

Na cor dos olhos teus...

Que o azul, o ténue azul

Roubou, de ti, um deus

Que ainda desconheço

Mas... tal não me amofina.

Prefiro o teu olhar

Que tudo me endoutrina

E, endoutrinado, exulto

Se da poesia, ao longe,

Vejo surgir o vulto.

18

Em tudo há semelhança
Com esse teu sorriso.
Pois, guardemos em nós
A escuridão sagrada;
Mais grácil é o destino,
Mais vasta a madrugada
Que a luz que vai chegando
Pelos montes, já rasteja
Para nos falar dos astros;
Irmãos do sol a pino...
E as magras sombras vão
Já farejando o ervado
Lembrando o pobre cão;
Sem dono, abandonado...
Mas, se levanto o olhar,
Zarpam as caravelas

19

Escorrendo para o mar

Deixando, nas janelas,

Esse sinal de "adeus

Até ao meu regresso"...

Teu corpo? Só poesia,

Já que mais nada peço;

Riquezas, poderio,

A fama, a abundância

Desde que esta se expresse

Neste encanto de infância.

Afirmarei a terra,

No oscilar da aragem

Que, tímida, insinua

Ainda o teu sorriso

Mesmo ao raiar da lua,

Que a esteira da frescura

És tu; amor- coragem.

Loja, 5 de novembro 2014

5ª memória

Da conquista

Como derrota

1

Esfumam-se as certezas,

As crenças, desvarios

Justificando a " morte"

Do outro, da diferença

Como ponte suspensa

Por sobre os rumores frios

Da luz de vaga-lume

Num breve instante intensa.

Surgem do pó da terra

Tal como surge a argila

Moldada pelo pendão

Desse mais vil espartilho

E traz-nos, pela penumbra,

Perfeito, ignóbil trilho

Sorvendo a liberdade;

O que os néscios deslumbra.

2

Mapas de fantasia,

De opíparas mentiras

Com as fétidas redes

Concebem cativeiro

Ao livre pensamento

Tão natural, e herdeiro,

Da divindade humana

Tão leve como o vento...

E comovente escrevo

Num fôlego de oceano;

Um dia sem ter nuvens

Que madrugou há horas...

E rondas-me perfíria

Mas sei das tuas manhas,

Os antros onde moras.

Na inveja mais vazia.

3

Por isso me demoro;

Sou livre, muito leve

Cansado de quimeras

Mais torpes, bolorentas,

E faço dessas fardas

De guerra tão cinzentas

A nudez da poesia

Que a liberdade escreve.

Na alma, toda a ética

A mais humilde e humana

Desprezando a patética

Modorra do rebanho.

Por isso este meu canto

É livre e muito estranho;

Silêncio por cabana

E coroa como espanto

4

Vós, dos reinos das trevas

De tudo tão seguros,

Tomai este cocharro

Como se fosse o graal,

A taça destas lágrimas

Marinhas porque o sal

Fica entre o céu e a terra,

Fica entre a erva e os muros...

Anónimo navio

No qual me faço ao mar,

À beleza inconstante;

Ao cais da segurança,

A máxima certeza

Que o coração alcança

Que no convés da dúvida

A minha alma balança.

5

Estradas não são estradas

São meras sugestões

Para tomar o rumo

Que mais nos aprouver...

Na doçura das aves,

Das flores e dos leões

Que dormem no regaço

De quem souber fazer

Da força animalesca

A placidez de um gesto

De uma cascata infrene;

Uns pingos de goteira

E em tudo... a água fresca

Pela noite verdadeira.

A noite, sim; o dia

O dia mais solene.

6

Diluem as certezas
Como um porto esquecido
Que fica na lembrança
Nessa beleza horrenda
O homem sofre, sofre...
Mas sofre para que aprenda
O mistério da vida
Como se fosse olvido.
Conquista-se a derrota
Mas só pela tristeza
Há nessa enorme força,
A força que levanta
A esperança amedrontada,
Bem fraca; mas ilesa,
Essa que se ergue livre,
Mais livre, na garganta.

7

Fujo da hipocrisia

E desse encantamento

Como toupeira, dando

Ao mundo corredores

Só para não olhar,

De frente, a vida

E as flores

Depois ouvindo, ouvindo

Ouvindo a voz do vento.

Ao longe, além da terra,

Uma outra voz erguida

E acredito no hoje,

Agora, neste agora,

Na fluidez de tudo

Na escancarada ferida;

Um cravo, meu amor.

8

Vou rematar a curva,

A curva dolorida

Que este meu povo triste

Algema, como escravo.

Pelos montes da alma,

Construo uma ermida

Que, em lugar do sacrário,

Floresce a flor do cravo.

E a trova que vos canto

De um vento já passado

Regressa, ardente, erguida

Com o mesmo fulgor

Que tomou a cidade

Do sono sossegado

Para que renasça, em nós,

Mais forte a rubra flor.

9

Uma fúria solene
Indica-nos os passos
Com que o futuro irrompe
Da inércia mais severa
E dos olhos de um povo,
Dos tristes olhos baços,
Este clarão de esperança
Irrompe, ordena e impera.
Abra-se, pois, a porta
A tudo o que nos falta;
Acreditar no sonho,
Na plena realidade.
É hora! Amigos, vede
A esperança já vai alta
E os ventos da mudança...
Passeiam pela cidade.

10

Estou ébrio de mais luz,

Dos mundos que perdi;

Junto esta minha voz

Aos que, pelo Tarrafal,

Quebraram a mordaça

E se parece estéril

A terra onde nasci...

Por jardins, por pracetas,

Um rosto agora erguido.

Caminho pelo silêncio

Pujante, e renascido,

Pelas ruas que descubro

Nos olhos rastejando,

Dos outros. Eu? Cantando:

" que Abril não seja Outubro!

Por onde andais, poetas?"

11

Se parecem medonhos

O fado e a desgraça,

Saibamos nós erguer

Um novo madrigal,

A aventura bastante

De Outubro como Abril

E, do sofrer servil,

O riso que nos cante

Do povo a multidão

De afectos, de ternura

Repartido no pão,

No vinho e na bravura

Negai o sortilégio

Das radiantes vestes

Aprendamos, do régio,

As urzes mais agrestes.

12

Se tudo é natural...
É natural que seja
Meu canto libertado
A mais sagrada igreja;
De todos irmanado...
Derrubemos o medo
O mais profundo; o susto
Para que um novo êxtase
Se espalhe pelas vielas,
Pelos campos e avenidas
Pelos pinhais e o arbusto
Reflictam as estrelas
Gravando a luz no rosto
De todas as manhãs
Os sonhos mais precisos.
À espera do degredo.

13

Trazemos esta flor,

O pão e a amizade

O canto da cigarra

No vértice do dia

Que o sol ainda arde

Tal como então ardia.

Dos caretos do Norte

Ao Sul, numa samarra...

Intacta? Só a voz

Que o tempo é outro, eu sei;

No corpo adormecido

Do meu país tristonho,

Eu canto por cantar,

Por ser poeta e a lei

É simples condição

Que, livre, ainda ponho.

14

Reparto; mão estendida,

Os céus da minha esperança

O verso desprezado...

Porei, sobre os navios,

Nas gáveas do passado

Um compasso, os segredos

De quem já não recusa

Este tremor nos dedos

Erguendo uma bandeira;

Contra o rosto da cinza,

Velhacos, vingativos

O que ficou da noite,

Da penumbra maior...

Que se torne em memória

De sanguíneos arquivos

E um povo por redor.

15

Creio na recompensa

Das coisas imperfeitas

Onde tu, liberdade,

Te aninhas... depois deitas

Ao mundo um outro augúrio;

Cidade sonolenta

Onde a aridez dos dias

Somamos; por quarenta

Anos deste murmúrio

Sonhando ser o grito;

Bandeira que me cobre,

Planície onde habito...

Não no fedor das celas

Mas antes pela fuga

Que me desfralda as velas

Para alisar a ruga.

16

A que nos traz dobrados

Ao peso, contrafeito,

E pela flor do instante

Gravar os rostos novos

Na vontade suprema

Que faz dos povos...povos!

Dos espaços já mortos

A chama renovada

E do silêncio oculto

Os pássaros pelos hortos;

A passagem da treva

Para o sol que se encandeia

Nos muros da cidade,

Pelos caminhos da aldeia

Que um rio não atravessa

Na espuma; a flor da esteva.

17

Esfumam-se as certezas

Sobre ruínas fundas

Desse longo degredo

De onde vens... e inundas

Um povo de horas mortas.

Só tu, mãe liberdade,

Que os versos me confortas

No canto sem ter grade.

É hora! Que regressa

A infâmia, a vilania

E que a memória, essa,

Nos traga um novo dia

Que rasgue a noite escura

De séculos vergados

Ao peso desse monstro

De nome: ditadura.

18

Mapa lavrado, agora,

Da coragem perfis

Soterrando um fantasma

Celebrando um país.

Exemplos puros, voltai,

Dizei-nos que nos falta

Avisar meus amigos

Para que seja recusa

Esses medos antigos...

E nessa plenitude,

De instantes conseguidos,

A glória de nos sermos

Mas não dos tempos idos

Mostrando a curva enxuta

De medos, de temores...

Nas ladeiras da luta.

19

Tão livre, como a brisa

Vogando à flor do Tejo...

Vozes que, ainda agora,

Com a paixão de um deus;

É pela resistência

Que este meu povo vejo

Guardando os meus poemas,

Escoltando os passos meus

Pelas sete colinas

Do Pico a Quintanilha...

Vê tu, mãe liberdade,

Como esta alma é filha,

Com meus irmãos do sonho

De um país vertical.

Assim, cantando, ponho

Nos versos: Portugal.

Loja, 6 de nov. 2014

6ª memória

Do desespero

Como esperança

1

Incendeias a noite.

Em mim, refulgem estrelas;

És fogo sem vestígios,

És rapidez contente

E os campos coloridos;

As nuvens; podes vê-las

No diálogo raiando

Vermelho, à tua frente

Na trágica elegância,

Na alegria do vento

Tal como um sol e a ânsia

Da luz mais imponente

Que a graça, rutilando,

Derrama sobre os ramos

Da morte, o paramento.

2

Do antigo desespero,
Irrompe a novidade
Desse castelo altivo
Coroando a cidade
E as ameias são braços
Para receber a brisa
Que ao passar nos conta
Da aragem que desliza
Tal como deslizando
Se escapam desesperos
E surge, em seu lugar
A esperança, ainda mais forte
Que a hesitação da vida,
Que a certeza da morte.
Depois... irrompem luas
Que oferecem o luar.

3

Rasgo o luto do céu

E luto contra o escuro

Como cascata enorme

Por serras de monchique;

Sussurra- me a poesia

Pedindo- me que fique

Por serviçal do sonho

Que já sou mas procuro,

Que todas as perguntas

Trazem, no seu regaço,

Respostas todas juntas,

Apertadas, num abraço...

E a força, varonil,

Como tremor de terra,

A enorme maravilha

Que a minha alma encerra.

4

Eu sou filho das ervas,

Das urzes, medronheiros,

Regatos meus irmãos

Nos gestos monchiqueiros;

Raízes por alferce

Que ao sul alqantã

Trouxeram, certo dia,

Desta poesia... o afã.

Assim, da serra ao mar;

Das redes, alambique...

Suspira- me a poesia

Pedindo- me que fique

Junto à fonte de amores

Ou pela foratleza

Que, da esperança, vos faça

A lua nova, acesa.

5

E tal como pela fóia

O voo da águia esplende

O recorte da costa...

Sou simples mensageiro,

Profeta ou um duende

Pelos bosques da picota

Nos mastros de um veleiro.

A esperança é que nos leva

Como portal aberto

Pela esquina transposta

Que faz o longe; o perto.

E tudo o que foi lento

E espesso nevoeiro...

A rapidez da luz,

O refulgir do outeiro

Como se fosse jóia.

6

Surge o dia! Rasgado

De ponto a contraponto...

E vou pelas serranias

Pelas praias vou e canto

De mim, de nós, do mundo

De todo este redor

E vejo como fica

O desespero melhor.

E, nos plácidos muros,

As sombras são pinturas,

Aguarelas cuidadas

Tal como por outono

Eu vejo as folhas

Pelos carreiros tombadas

E tudo me parece

A plena eternidade

7

Pelas costelações

De céus que ainda invento...

Há sílabas cantantes

Arrancadas das cores

De altas alamedas,

Pelas copas da folhagem

E no cruzeiro do sul,

Refulgem esplendores

Sugerindo a viagem

Pela neblina de tule

Que, hortência, me segredas

E o ritmo dessas gotas

Caindo do arvoredo

Do chão atapetado;

Paleta toda outono

E o musgo como lagem.

8

Pelo deslumbramento

De tão estranho clima

Tão diverso, de além

Das franjas da babugem

Pelo areal acima

Contando, aos simples grãos,

Histórias de oceanos,

Das ilhas, dos tufões...

Poesia, em minhas mãos

Os versos lusitanos

Com florestas de mastros

As velas de amendoeiras

Ou as quilhas dos castros,

Heróicos, de viriatos

Irmãos destes regatos.

Libertos dos enganos.

9

O som dos bosque puros,

Das águas cristalinas

E a orquestra, os clarins,

Dos pássaros que ensinas

A ouvir e a entender

Nessa linguagem oculta

De uma sombra que despe

O olor da flor que exulta,

Na festa celebrada,

Para os sentidos todos

Na grácil madrugada

Espalahando a luz, a rodos.

Uma ruína imersa

Nos braços de um silvado;

Aqui já houve risos,

Futuro desejado...

10

Tábuas apodrecidas

Devolvendo à natura

A onda de onde vieram;

Rasteira, o que era altura,

E as árvores irmãs

Agradecem florindo

Botões pelas manhãs,

E o mar além, luzindo.

O silêncio, que enche

As casa de folhagem,

Agita-se um instante

Por um trinar na aragem.

São risos de criança

De quem viveu aqui;

São memórias de alferce,

O " lar" de onde nasci...

11

Retomo outro carreiro

Pela passadeira espessa

De folhas que perfumam

O meu andar pelo cheiro;

Raízes de mimosas

Tão ácidas, pungentes,

Tal como as minha glosas

Neste canto de embalo

Na curva do caminho

A tua luz, quebrada,

Desenha- me, sozinho,

Tal quando não estavas

Comigo, mãe poesia,

Por entre as moitas bravas;

Sou a sombra entre as sombras

O vulto diminuto.

12

Sem ter destino algum;

Andar só por andar,

Tal co mo eu ando agora

Mas no deambular

Eu não sei muito bem

Quando- dentro de mim-

Vagueio pela serra,

Por onde a alma escuto,

Que dentro em mim já mora...

Pelas grades dos ramos

Contemplo, o céu bendito,

E entendo, pelos olhos,

A nova prece e orito

Com adornos extremos

Dos tons de verde tenro...

Num deus qualquer que existe

13

Ao meu olhar. Bendigo

Que a telúrica prece

Ressoa nos barrancos

Adormecendo os ninhos

Dos pássaros exilados

Que partem... mas não voltam

Aos seus loendros brancos.

Ao fundo, a sumptuosa

Rebentação do mar

De alvura, como a rosa

Ou as flores num pomar;

Saúdo a cerejeira,

O castanheiro enorme

E algures, dentro de mim,

Onde esta alma dorme,

Desperta o versejar.

14

Ao longo da subida,

Respira- me o cansaço

E eu não desisto e vou

Em frente, passo a passo...

As pedras que podiam

Ser de apedrejamento

Têm brilho de prata

Ou serei eu que invento?

Longínqua pradaria,

Sublimes horizontes

E tudo em mim murmura

Como o sabor das fontes,

De avencas, e de inhames,

Abanos de verdura

Desde que tu me chames,

Distância, lá da altura.

15

Incendeias a tarde
De eternas labaredas;
Palavra revelada
Por entre o arvoredo
E eu sigo no encalce
Assim como em degredo
Mas degredo pela arte
Que tudo o resto é nada.
Dança sacral; as folhas
No bulício discreto
De um simples trepidar
Da aragem perfumada...
Se, em vão, digo o teu nome
Já avistando a estrada
É porque assim descrevo
O meu próprio universo;

16

De antigo desespero,

De tragica ternura,

Desoculta- se o esmero

Pelo rastro da lonjura

Pois que, hirta, vejo ainda

A nostalgia imensa

Tal como o mar ao longe,

Lá, onde a terra finda;

Sou promontório sacro

Lançando, ao mar, o sonho...

E dizem que é mentira

E isto é que é medonho,

É isto que me rasga

Os panos que desdobro

Que esta pele, engelhada,

Parece irmã do sobro.

17

Mas não desisto e avanço;

Com altivez das serras,

Dos montes e dos vales,

Das fontes, dos regatos

E, tal como as cidades

Te pedem que as embales...

Poesia, embala agora

O meu coração manso

No refúgio da harpa.

Irrompe, quando passo,

Um pássaro cantando

Como se fosse a farpa

Rasgando este silêncio

Benigno da poesia

E sou bem mais poeta

Do que antes já sabia.

18

Rasgo, do desespero,

O luto... e já rutila

Pelas fímbria das folhas

Um desespero antigo

E vou, como quem fica,

Olhando, pelo avesso

Deste falar comigo,

Se no tamanho altivo

Deste fulgor radiante

Vos lembro a serrania;

Por vales e declives

Ofereço, mais adiante,

O inverso da alegria;

O pranto para que escreva

Onde, poesia, vives

Nesta voz de descante

19
Eu sou filho do imenso
Pendão do temporal
Que a alma me vergasta
E paira sobre os olhos;
Um nevoeiro igual
Ao que sobre o convento
Estende a névoa, casta,
Num espiral de incenso.
Trago, de imensos céus
Vizinhos do recorte,
Por lagos, da baía
Se eu vou, da serra ao mar,
Rasgando etéreos véus
Para renascer da morte.
Quem sou? Não sei.poesia?

Casa, biblioteca
6 nov. 2014
21.05 h

7ª memória

Da missão
Como professia

1

Há livros que nos puxam

Para eles de tal modo

Que sinto em mim o canto;

Feitiço de um ulisses

E as palavras, suaves,

Recordam- me meiguices

E as meiguices ternura

Que há muito espero, e tanto.

Pressinto esse romance

Da capa ao outo lado,

Esse universo estranho;

Promessa; quase ignoto,

Na tragédia de espanca,

Nesse drama de um botto;

O proscrito espancado;

Helénico e apupado.

2

Vinde até mim, irmãos,

Poetas desprezados

Neste país estranho;

Reyno da hipocrisia

E passeemos, juntos,

Além... naqueles prados

Com o um lençol estendido;

Bordado de poesia.

Anda, cesário verde,

Descreve- me lisboa,

A tua vida breve

Da mátria narrativa

E a doença espreitando

Manhosa, tão esquiva,

Aguarelas dos campos...

Que a minha mão descreve.

3

Natália, sedutora,

Tu deusa dos açores;

Vulcânica nos gestos,

Nos gestos de rainha...

Oferece, à minha alma,

A ilha dos amores

Que eu busco o amor de antanho

Que a vida me definha.

Dá, ao meu coração,

A pausa, o botequim

Onde todos os sonhos,

De uma conversa amena,

Trazem, do rosmaninho,

Da suave verbena,

Esse fulgor da mátria,

Da mátria inspiração.

4

E tu lúcio; do sul,

Das rosas, noite escura,

Da floresta de versos

À beira do oceano...

No veludo das pétalas;

Teu rosto de ternura

De uma vida tão curta;

A vida? O puro engano.

E por esse pinhal,

Pelo chalé de marim,

Ainda a nostalgia

De me rever a mim

No teu olhar profundo;

Impressionista e mole.

Desperto nos meus versos,

Que tenho como prole.

5

E se deres, do mar,

Camões, toda a tragédia...

Essa epopeia triste

De um povo em desamparo...

Trago- te o fogo ardente

Que não se vê, e existe,

Na poesia cativa

De um terno versejar

Que, assim, farei do pranto

Um pranto mais contente

Levando, humildemente,

As rimas pela rédea

Deste meu génio avaro,

Por vezes, naufragado

Neste mar de saudade

Saudade... nunca ausente.

6

Irei, por onde for

O teu desígnio; régio,

Com deus e lucifer

Que os dois... apenas um.

Não, por aí não vou

Que há outro sortilégio

Maior do que o destino;

Vou por onde quiser

Que eu não vejo pelo olhar

Dos outros, remetidos

À inércia dos dias,

À dormência dos gestos.

Procuro esta viagem

Que, à minha alma, ensino

E o meu cântico albente

Acendo em noites frias.

7

Quem dera que o meu peito
Fosse o marão, pascoaes,
E que esse vasto alcance
Da maternal saudade
Ondulasse, na alma,
A paisagem que invade
Atrás dos montes, sim,
Por onde ainda vais
Passear os teus olhos
Na plena nostalgia...
Pascoaes, ai como eu queria
Falar- te, de relance,
Tal como tu falavas
Com o cristo de travassos;
Poder ter- te nos braços;
Irmão das coisas bravas.

8

Há livros que nos fazem

Partir, pelo mundo fora,

No recanto da serra...

Tal como, por messines,

Viajo por aí...

Há livros de viagens

Por dentro de nós mesmos

Que nos levam, dos sesmos,

A cidade que eu vi.

Por isso é que os poetas

São magos, cartomantes,

Profetas, visionários,

Deuses em forma humana...

E passam, da inércia,

Além da trapobana

Na palcidez das árvores,

9

Regresso, agora, às fontes

Da minha língua amada;

A quem, antes de mim,

Viveu pela vertigem

No tumulto dos versos,

No galope da rima

E vejo, ó simples musa,

Que entendes, que me estimas

Na minha sede imensa

De descrever a origem,

A génese e o verbo

De onde nascidos somos;

Vós fostes flores e os gomos.

Eu? Tímida diferença;

Metódico mendigo...

Casebre de um postigo.

10

Vinde até mim fulgores,

De imberbe mocidade

Em que o verso sorria

Na ingenuidade atroz...

E trazei- me, de volta,

A esperança, como jade,

Ou pegos em sossego

Só ao final do dia...

Trazei- me vós, fulgores,

A minha antiga voz

De timidez; rumores

De alguém que, hoje, desnuda

Nos versos tão esbanjados.

Fazei, deste poeta,

A glória de outros fados

De inspiração graúda.

11

Se me derem, dos prados,

Perfeita singeleza

Que aos olhos nos ensinam

A ver, como soía,

Fulgores de adolescente...

Prometo, sim, vos juro

Que hei- de ser, da poesia,

A entrega e a destreza...

Tal como, pelo escuro,

A lua refulgente

Escorre e se despenha

Ou as gotas suspiram

Pelos volteios da azenha

Adormecendo o feno...

Até que o sol, dourado,

Detrás dos montes, venha.

12

Virei, de outros lugares
Inóspidos, de algema;
Os dias rasos, plenos
De tudo o que é vazio
Para alargar, no peito,
O largo e vasto rio
Na forma de um poema.

E serei ribatejo;
Lezíria do meu espanto
Na placidez que vejo,
Na luz que almejo e canto.

E, uma vez mais, a foz
Será o meu destino;
Este falar a sós,
O condão de menino,
Tragédia de nascença...
Na condição suspensa.

13

Quem dera um livro só
Pudesse descrever
A passagem da vida,
A soma destes dias
Pois que um dia serei
O nada, cinza e pó
Para devolver, à terra,
As parcas alegrias.
Algures, no firmamento
Dos meus poemas escritos
Por certo existirá
Aquele que descreva
O meu profundo acento
Que vos diga, de mim,
Que o sei, ó oxalá,
A verve medieva.

14

Um livro só, antónio,

Tão nobre que vos traga

Neste pleno egotismo

Tristonho, emocional;

Fusos de prata e oiro

Para trabalhar o linho

Entre os meus dedos frios

De velha tecedeira...

Um livro, onde o agoiro

Seja a mais aziaga

Lonjura do caminho

Ao longo da ladeira...

Enquanto o rouxinol

Canta no canavial

O meu destino idóneo

De vastos poderios.

15

Jornadeio fantasias

Pelas leiras, pelos luares,

Lavradores, gente pobre;

Labuta pelas eiras

E assomam- se, ao meu rosto,

As rugas destes dias

Com que a graça me cobre

As rimas verdadeiras

Que às ocultas trazias

Já cá dentro este bardo

Rimando luas esguias,

Cantando as flores do cardo

Bem longe dos lugares

Onde a praia se encosta

Ao corpo dessas dunas.

Serei dos meus cantares

16

Se me deres, das ondas,

Oceano sem nome

Marcando o horizonte

Num corpo de desejo...

Ó musa, não te escondas

Que és minha sede e fome

E deixa que eu te cante

Nos versos de estilhaços

Como vidros partidos

Na minha liberdade...

Entregando- me aos braços

Dos líricos sentidos.

Brotam, da terra, os rios;

A vida de fugida

Que a ave imaginada

Assoma-se à janela

Deste meu triste engenho...

17

Enceto a caminhada

Tal como a caravela

É feita de algum lenho

Trazido pela ribeira,

Pelo rio, agora ao mar...

Assim, os olhos meus,

Assim o meu cantar

À beira de um intento

Das ilusões sumidas

De um som que me regressa

Mas só nas mãos do vento

Assomam- se... no incerto

Sinal, mas de outras vidas

Se acaso o intenso ardor

Irrompe, sem aviso,

Na secreta passagem

18

Onde a espuma se embala,

Desgrenhada de mar,

Fustigando os rochedos

De igual modo resvala,

Olhando este luar,

A minha alma triste

Apregoando os medos

Para poder cantá- la.

Vede, a passagem estreita

Ao longo dos tojais

E a brisa, pelas ramadas,

Pergunta- me: "onde vais,

Tu sonhador do sul,

Tu poeta da luz?"

Eu? Respondo com o azul

De um verso, onde depus

19

A plena narrativa

Da minha vida inteira

E, deambulando, além

Nessa alegre e fagueira

Cantiga do meu pranto

Que, às vezes, adivinha

Para me fazer feliz...

Que um livro é a lasciva

Odalisca que vem,

Nos requebros de encanto,

Pôr na alma que é minha

Um mar de antigas trovas

Nos versos de outras eras...

Para que emoções, sinceras,

Me tragam luas novas

Ao sul do meu país.

Loja, 11 de nov.2014

8ª memória

Da hesitação

Como sabedoria

1

Ai de quem, na certeza

De tudo, se acomoda

De nada duvidando

Nessa magna arrogância

E diz ser o domínio,

Que tem, toda a distância;

Que o universo inteiro

É seu; o todo em roda

E levanta muralha

Como teias de aranha;

Imponentes de brilho

Mas simples frágeis redes.

Ai de vós, pobres tristes

Que por aqui nos vedes

No vosso espelho fosco;

Petulâncias e tralha.

2

E ides, bajulantes,

De leque desfraldado;

O leque de pavão,

Nos beiços a saliva

Só de bajulação

De quem carrega, às costas,

Fingidos elogios;

Inveja que se esquiva

Para denegrir o outro,

O outro pela diferença

Nesse pérfido abraço

Que é todo só ofensa

E tendes o sintoma

Da férrea insegurança

Que no riso se assoma

E a mentira entrança.

3

Tudo o que de pior

O ser humano exponha;

O veneno, a peçonha

De se julgar melhor

E neste devaneio...

Chafurda a podridão

Do esterco e da ilusão

Desse fétido enleio

Mas...rebuscas dos outros

Palavras em desuso

E escreves o estrabismo

Nessa poesia míope

E aclamam- te de pé

Aí.... Por guadalupe,

Pelos doutos do cinismo

Da alma uma ralé.

4

Prefiro a hesitação

Por me sentir proscrito

Tal como se leproso

Vos fosse o meu condão...

Antes passar pelo mundo

Inseguro e aflito

Do que mero verdugo

De ingrata sorte dura

De quem julga saber

Por isso não proicura;

Abutres de gravata,

Comendo à tripa forra

Nos convites iguais;

Havendo só fartura

No " compadrio das letras"

Narcisos de arreata.

5

Vede os magnos jarretas

Em posições, torcidos;

Frases de " cama çutra"

À espera que a viagem

Na " oficina" nutra

Algo disso que faz

Dos humanos...poetas.

Mas não, com vil pudor

Destila a taça estranha

Poéticos venenos

Na lengalenga estrábica

Mas eis, do mal o menos,

Não se espalham aqui

Mas lá, por essa espanha;

Diarréia silábica

De arrogante doutor.

6

Troféus, como emblemas,

Lembranças das ruínas

Das sepulturas rasas,

Dos prémios, dos jograis

Jogos de versejar

De acordo com a receita...

Para mim, um verso enfeita

Melhor por entre as casas,

Até com um erro, ou dois,

De acento ao respirar.

Se era verde a vergonha

E esse burro a comeu

Não há, hoje, quem ponha

Antolhos, camuféu

Ou urtigas viperinas

Nas nádegas dos poemas?

7

Nos feudos, já bardados,

O tímido sete-estrelo

Tem livros publicados;

Espessura de um cabelo

E escreve, escreve a eito

O que ninguém entende

Mas julga ter magia

Maior do que um duende...

Até ao dar a mão

Tudo lhe é frouxo e morto

Como a couve deixada

Na erva, pelo horto.

E o sorriso é só- quase,

Nem isso chega a ser...

Prefiro ver estevas

Que a estupidez por base.

8

Cabriola um cabrito

A contemplar o umbigo

Na vaidade balofa

Que amiúde vos digo

No cubismo dos olhos,

Na lividez da verve...

Levanta ferro e vai

Pelas bordas da culatra

Nesses roteiros estranhos,

Ou nessa escrita abstracta

E fala, por falar,

Pois gosta de se ouvir,

Como caixa vazia;

Trejeitos de vizir

Se os prémios abarbata

É porque a todos escondes

9

O seu local e a data:

Mas onde são, mas onde?

Retrata outra cidade;

As ruas avenidas

Que, perante a vaidade,

São curtas, não compridas

E regressa da " guerra"

Heróica, petulante,

Num traque que se encerra

A musa que lhe cante

Os movimentos vãos;

São papudas as mãos

E os olhos catedrais

Onde os círios, ardendo,

Exalam a basófia...

Perfumes de currais.

10

Tanto está por madrid,

Logo a seguir por sófia.

Na mala mais cadernos

De versos com neblina

De londres, de agripina

As ancas, seios eternos.

Assim empanturrado

De tanta glória a rodos

Julga ser bafejado

Por versos que, nós todos,

Contemplamos basbaques

Tentando perceber

Se aquilo é fogo a arder,

Aragem "fedorina"

Ou o rosnar dos traques.

Com manhas de alfaqui.

11

Depois há outro ainda

No limbo da distância

Do gesto benfazejo

De uma entrevista escassa...

O que arrecada prémios

Como se fosse à caça

Nos coutos da ignorância.

Subiu ao pedestal

Como álvares nuno

Pereira com caruncho

Masca anglo-saxónio

E o chá mas... só de funcho

Que da obliquidade

Foi o melhor aluno;

Numa qualquer cadeira

Pela ameijoadeira.

12

Sou aluno da dúvida
Da sombra estranha e austera
Tal como um lago escuro
Que, pela lua, espera.

A lua que me traga
A verdade que existo
Quando, no céu, a daga
Me suspira o oaristo

Esculpido, mas de agruras,
Num país que é já noite
E quer estar às escuras
No séquito de amorfos,

Da régia incompetência
Ser- se corrupto é, pois,
A perfeita ciência;
Incêndio como praga.

13

Ai de quem, pelo cinismo

De "amigos", se aproxima

Fisgando o seu interesse

Como rei caçador

Com um trovão na voz

Galopando, a primor,

Os sermões de si mesmo

Girândulas de baptismo

Escarnecendo do verso,

Escarnecendo da rima

Que eu ouço as gargalhadas

Desse insensato, desse;

Por fora espampanante

Por dentro uma gangrena

Uma aragem na alma

Na alma tão pequena.

14

Regem, neste quintal

Pequeno à beira mar,

O enorme poderio

Da sua obra aziaga;

Dão fétidos arrotos,

Publicam no jornal

A mixórdia de ideias;

Que a seda da poesia

Tem repelões, barboto.

Dissertam longamente

Sobre cultura estranha...

Opinam sobre tudo

Pois são omniscientes

Mas trazem, entalados,

Farrapos entre os dentes;

As hienas das letras.

15

Os elogios da manha.

Ostentam, pela inveja,

Entre as hostes iguais

De gestos simiescos.

Vós lambuzais as folhas;

Poemas como frescos

Diluídos e estranhos

De vesgas sapiências,

Trejeitos, saliências,

Labirintos de escolhas;

Polidez dos calhaus,

Finura dos rebolos...

Para vós, são bem tolos

Os versos que deponho

No lirismo da língua,

Na fluidez do sonho....

16

Fica nesse reduto

Armado até aos dentes.

Não convides ninguém

Para a tua comezaina

Que te pode ofuscar

A tua luz tão fosca...

E se te achas arguto

Nos versos imponentes

Vê bem, vê muito bem

Que à tua lira e à faina

Lhes faltam muita rosca

Inchadas mas... só de ar.

E se de antologias

Já contas mais de um cento

Dessa verve falhuda;

Poemas de pevides

17

Ainda que duvides

Em ti já nada muda.

No tom amedrontado

Que alguém possa tomar

Pelo génio celebrado

O cadeirão e o altar

Nesse onde te instalas;

Teu feudo defendido

Comungando a basófia

E ancas de torresmo

E papo no pescoço

Lambes, luís, o mesmo

O catorze, no poço

Escuro como as valas.

Tu falas e ao falar...

És asno; engalanado.

18

Troféus e diplomas,

Artigos nos jornais

E só nos outros vê

Os poemas ruins

Os seus não, são altiva

Celebração do garbo;

De extrema mais- valia

A que chama poesia

Mas não o quanto abardo

Da clássica pujança

De onde vem a herança

Da alma de poeta

Datado, dizem, pois

Assim... chamo pelos bois;

Do esterco os idiomas...

Das musas burracais.

19

Ai de quem se intitula
Como cronista obscuro
Com os lacaios cruéis...
Sem dor e sem abalo,
Com os olhos vidrados
De chaputa... ou robalo
E a balbúrdia confunde
Nos montes de papéis
E trá-los, a terreiro,
Na pompa dos foguetes;
O esplendor das retretes,
Memórias do traseiro.
Cem braças de fundura;
Profunda, a inspiração
Do esquálito. Do pavão?
Nula magistratura.

Loja, 12 novembro 2014
18,30 h

9ª memória

Da fidelidade

Como prisão

1

Do amor, sempre retrato

Meus versos – às centenas-

E se vos roubo as feridas

Que doutros são pertença...

Umas frases marcantes,

Na margem da alegria,

Na obstinação carnal,

No desejo gaiato

Da entrega que se entrega

Como se, de outras vidas,

Vivéssemos nós mesmos

As vidas mas de antes...

E este presente fosse

Num novo dia igual

E essas prisões de amor;

Liberdades serenas.

2

Se derrubo as fronteiras,

Vagas dicotomias,

Por amor à paixão

Atrás de onde se escuda...

O espectro da "traição"

Feroz, mordaz e aguda...

Cantar- vos- ei, assim,

Do cárcere medonho

Que o amor enreda, às vezes,

E lhe destroi o sonho

Subalternas maneiras,

De algemas transparentes

Agrilhoando os gestos

De argolas da " razão"

E a posse é como fim

E não o meio... dos dias.

3

Como a asa do corvo

(mais negra do que o escuro)

Deusa da formosura...

Em cada despedida

Os olhos marejados

E as farpas da dúvida

Chagando a segurança;

Reflexos de marfim...

Vou à fidelidade

Tal como à fonte e sorvo

A certeza do mar;

Certeza que procuro

Como sol que raiasse

Atrás da noite e o escuro

Como muralha erguida,

Aprisionando os brados.

4

Os que o ciúme alcança

Dos males o motivo;

No coração o incêndio,

Na rima a desventura

Que a lentidão das horas

Se arrasta como verme

Rasteja e assim polvilha

Résteas de languidez...

E a certeza balança

E escoaça, pelo crivo

Da força, só dispêndio;

Que a vida pouco dura

Se, pelas chamas, devoras

O meu olhar inerme

E não as maravilhas

Que, sonho, me devoras.

5

As cinzas de nácar

Pairando sobre os rios

Bem por dentro dos olhos

Furtivos, como lírios

Que à terra se acorrentam

Num raizedo quase...

Ou o feno chorando

Gotículas de luar

E as mãos que se procuram

Sentindo calafrios,

Do " dente de leão"

Sementes pelo ar...

E a lua, noutra fase,

Dá parto aos meus martírios

Como se fossem bando

Planando, em suspensão.

6

Fiel às redondezas
De sombras e retalhos;
Reconquistas armadas
Por adivinhadores
Do trevo, ou malmequer,
Assombroso bailado
Pelo espanto sitiado
Ou colunas, que ao ver
Trazem flautas de flores,
Algas imaginadas
Por rimas e trabalhos,
Por dúvidas, certezas,
Como deusas postiças
Que o tempo já apouca...
Assim, fidelidade
Me escancaras a boca.

7

E eu sou- te... porque és

A forma mais perfeita

De um barco; no convés

Prenhe de desventura

De rezas e heresias

Das dores já como pó;

O preço do talento,

O troco do que escrevo

Uma quarta folha e o trevo

Repica o movimento

De amar, por estar tão só

Na ternura submissa

Tal como me dizias;

Pelo sol, em noite escura,

Abraços de marés

No silêncio que enfeita.

8

Poeta agrilhoado

E nómada das pedras,

Das nuvens, da brandura,

No deslizar lascivo;

Fiel, sou mais cativo

Na magna escuridão

Que o grito aperfeiçoa

Pela branda nocturnez

E vãos, suspensdos, gestos

Pelos quais ainda vivo

No ofício cantado

Por onde, choro, medras...

E a morte sempre dura,

Rasteira como o chão,

Que a mim já se afeiçoa

Uma e outra vez.

9

Escravo da liberdade,

De equívocos, mendigo

Como ilhas secretas;

Aprendo com as ondas

A dimensão do mundo

Para lá, para lá da espuma,

Dos seixos e das algas.

Vê, choro, como salgas

A minha esperança, alguma,

No momento profundo

Para que, a seguir, te escondas

No bojo dos afectos

Se acaso encho os braços

Apenas por pensar- te;

Daí a minha arte

Rarefeita, em pedaços.

10

Na perdição, achado
De tanto me perder,
Só quero o que não quero,
Procuro o que já tenho
Calado mas seguindo
O vozario distinto
Do vento pelas colinas
Da aragem de imprevisto
Pois ser poeta é isto:
Silêncio que me ensinas
O que, ao pensar, já sinto
No fosso onde despenho
Todo o fulgor do esmero;
Letárgico mester
Que ofereço, de bom grado.

11

Ardentes são, agora,

Os metais liquefeitos

Dessas maiores esperas

Como listras de seda

Manchadas mas de amoras,

De frases libertinas

E de outras mesmo quase

À beira de um penhasco...

Sulca o silêncio o casco

De um verso, de uma frase

Tal como, pelas esquinas,

As rameiras, pelas horas,

Imaginam veredas

E ternuras sinceras

Dormindo sobre os peitos

De moços, com demora.

12

Prende- se a mim o seio

Do céu, e seus limites,

Da terra e das fontreiras,

Do mar, das enseadas,

Das cítaras, das harpás,

Dos étimos alaúdes,

Em profusão de outono;

Florir as flores e o sono

Com que a palavra iludes

Ao disferires as farpas

De imensas madrugadas

Pelas sombras derradeiras,

Pela fome de apetites

De onde a alma veio,

Aonde já regressa

Pelas horas esfarrapadas.

13

Do amor, sempre adivinho

No cálice dos gestos,

Nas gavetas dos passos

Esse desmaio do céu

De onde a cor se esvai

Pelas brancas muralhas

Rasgadas por janelas...

Por onde o azul já espreita.

Na boca é que se deita

Nesse terror das celas

E da esperança migalhas

Tendo, por mãe e pai,

Esse tímido ilhéu

Como mar de sargaços,

Outono pelo caminho

Nesta magia estreita.

14

Asa de borboleta

Na transparência ignava

De elegância sublime,

Imagem vaporosa

Pairando sobre o ervado,

Nos volteios dos festins;

Requebros cheios de luz

No rápido intervalo...

Seu voltear enceta

Na alma, amante e escrava,

Visão que me redime

Ávida de uma glosa,

Meu canto celebrado

Na sebe de jasmins

Ou pelo alcatruz

Da nora, de que falo.

15

Aqui estão os meus pulsos!

Que tragam as algemas

À flor das minhas mãos,

À flor dos lábios meus,

Ao caule desta essência;

As hastes como estevas,

Raízes de figueiras

Que os sonhos são convulsos

E tornam- se poemas,

Suspiros, simples grãos.

São os lenços de adeus

No cerne e na aparaência

Para que vos descreva

A paixão, por inteira,

Nas pulsações extremas,

Nos prados da ausência.

16

Se prefiro a clausura

De aguda ferida em brasa,

Que flameja nos dedos,

Na fome dos tormentos...

Meus andrajos de pobre;

Este manto real.

Tudo passa mas dura

A força inebriante

Deste trazer por casa

Meus públicos segredos,

Ilusões, pensamentos,

A luz que ainda cobre

O selo original

Que tão pouco descansa;

Replecta de abastança,

Transbordante, de rasa.

17

Fiel ao coração;

Na falta que ainda resta

Para que seja completa

A margem do meu leito...

Pois de coisas espantosas

Hei- de contar um dia,

A tudo indiferente;

Como passam as horas.

Vegeto, se demoras...

E assim sou- te infiel

Por me sentir ausente

De ti, terna poesia,

Tal como, pela nublosa,

O universo perfeito

Um outro mundo enceta

Como se fosse a fresta

18

Onde os versos estão.

Do amor sempre disserto,

Sempre discurso, invento

Passando pelos dias

Como simples mendigo,

Passando pelas noites;

Sou magno imperador

Ou régio vagabundo,

Viandante de mim...

É pelo amor que inundo

Meus versos desse ardor

À espera que descoites

Esse pendão antigo

De antigas alegrias

Que fazem meu sustento...

Se te tenho por perto.

10ª memória

Do império

Como simples recanto

1

Parece tão gentil

A ânsia de outro espaço

Que nos ponha nas mãos

O que antes foi distante;

Onírica presença

Dos vales presumidos

E dos montes os cumes

Coroados de neve...

Tudo gentil e breve.

Tu, vida, me resumes

À morte dos sentidos

Para que a morte vença

A condição de amar-te

Nesses teus versos sãos;

Presos neste embaraço

No céu, com a cor de anil.

2

Consciente do génio

Como volúpia imensa

Presa na obscuridade

Como a melhor medida,

Fugindo ao parentesco

Com tudo o que é vulgar...

Evoco os rituais

Como maior destino.

Dedilho, em minha alma,

Um gesto de violino

E irrompem, pelo corpo,

Medonhos vendavais

Levando, aos cinco ventos,

Pelo céu, este rimar

Na turbação de sonhos,

No gesso de arabesco

A escrita da partida.

3

Na turva felicidade

Cavada pelo monte,

Dando a maturação

A tudo o que vier;

A glória, por derrota,

A pátria que não há,

Países ainda não,

Impérios que não tenho;

Aí, onde despenho

A força da evasão

Que necessito.já!

Da aura mais remota,

Um desígnio qualquer

Pela contemplação

Do rumo, por desnorte,

Onde e quando me agrade.

4

Há esta eloquência
Do silêncio maior
Tal como um precipício
Por onde se despenha
E me toca no sangue
Um não sei quê de fogo,
De solidão inquieta
De imensa tempestade.
Há tudo isto; a ardência
Pois que o já sei de cor;
A dependência, o vício
Esta prisão ferrenha
De uma dormência exangue
Da vida, como um jogo,
A profusa selecta
De imagens que me invade.

5

Neste voraz segredo,

Como o choro das fontes,

A luz que há na sombra,

O silêncio nas vozes...

Abrasa- me o ensejo

Tal como pelo prado

Irrompem flores silvestres

E aprendo, dos meus mestres;

Os versos, outro fado

Maior do que o desejo

Ou imagens velozes;

Suaves como alfombra

Para que, em mim, remontes

Pela aurora, muito cedo,

Nos oráculos de enganos

Sob a bênção de arcanos.

6

Fulgor incendiado

Nos gestos redimidos

Das bocas nos espelhos,

Nas pálpebras cerradas

Visando geografias

De impérios e recantos,

De máscaras de granito

Ou biombos de bruma

Para ocultar o estio...

Renego o poderio

Fugaz, que então se esfuma,

Como se fosse um grito

Nas folhas dos acantos,

Esculpindo novas vias,

Novos carreiros, estradas,

Esconderijos vermelhos...

7

Trazendo, pelos ouvidos,

O império desejado.

Pelas noites crescentes,

Pelos dias minguantes,

Pela brancura da cama

E os mapas das paredes

Estilhaçados de cal;

Um globo desfraldado...

Assim; eis- me, inundado

Tal como, num beiral,

Verte a chuva para as sedes

Do olhar com que me chama

Para que, poesia, cantes

Verdades com que mentes

O mundo dos ruídos

Nos vidros, do outro lado.

8

Descrevo o limiar
De todos os vestígios
Dos largos estuários
Dos rios inexistentes,
De mares para lá da barra,
Da linha do horizonte
Que apago lentamente
Com um céu-mar, imenso,
E crinas mas de vagas,
Vertigens rente ao chão;
Versos de aluvião
Quando, ao chegar, me tragas
Tudo o que ainda penso
Surgir- me, de repente,
Estando aqui, defronte,
Na perpétua algazarra.

9

De ilusões inocentes,

Como barcos corsários

Nas noites de prodígios

De horas sem luar...

Componho os violinos,

Orquestras de quimeras

Tresloucadas, radiantes,

Bem junto à luz da vela

No fascínio mortal

Como, no areal,

Passos equidistantes

Desejam as esperas

Entre marés, destinos,

Viagens a aguardar

Os gestos sedentários

De falésias diferentes.

10

Na plena adolescência

De um segredo constante...

Com estas mãos construo

Todo um jardim suspenso;

A extrema voz dos dias,

O cerne em noite escura

Vasculhando vestígios

De aromas e lembranças,

Em cada movimento,

Em cada verso escrito,

Explodindo, no meu grito,

Que transborda de aumento

E então... as abastanças

Nas noites de litígios

Quando o génio captura

Tal como me fazias.

11

Morrer, de tanta vida,

E mesmo ainda assim

Na luminosa luz

Descansada, em novembro,

Como lugar incerto,

Como maior delito

E angústia ainda mais...

Com seus passos arrasta

Certezas pelos dedos.

Ardor; profundos medos

De imagens fulminantes,

Ambíguas mas totais;

O marinheiro aflito

Por ver a praia ao perto,

A praia que ainda lembro

Estando naufragado

12

Fulgor em labareda
Altiva, de muralhas,
Se o timbre desfalece
Além, nos arvoredos,
E a dúvida regressa
Como universo em flor;
Fogueiras ateadas...
Por esse mês de junho
No paganismo absorto
Das chamas redentoras.
Assim, descrevo auroras;
Teu corpo o meu conforto
Lavrando, pelo meu punho,
A forma de enseadas
Para o navio de amor
Ainda só promessa.

13

Dispo a noite, a meiguice,

No túnel da garganta

Uma golfada imensa

De espanto e melodia

Como o fluir da esperança

A exalar os cheiros

Das árvores, das estrelas,

De estranhos idiomas

De um batimento de asa...

Sem ti, sou maré vaza

A que regressa pelas

Poças dos pés; obreiros

Da caminhada, a herança

Que a praia ostenta, e o dia

Reflecte a diferença

Já quando o sol levanta.

14

Gotículas do que disse

E o sal fica na areia...

Regressa ao oceano

Tal como o meu olhar

Regressa ao pranto e o choro

Lembrando clepsidra,

Um relógio de lua;

Ampulheta quebrada

A faiscar as luzes

Essas, com que seduzes,

A discreta morada

Que se ergue e que flutua

E que este olhar me vidra

Dando- me indícios de oiro;

Fogo fátuo do mar,

Como se fosse engano.

15

Nesta plena velhice
Que o relógio amealha
Como silo guardando
Os grãos de uma colheita;
A safra dos momentos,
A ceifa dos minutos
Para o inverno intenso
Maior que a solidão...
Arrasto, pelo chão,
A hesitação e o senso
Incomum destes frutos
Irmãos dos meus lamentos.
Por esta estrada estreita
Que se vai revelando
Na alma, quando calha,
Que o sei... que já me disse.

16

Trazendo, pelos sentidos,

O deslizar das aves

Como passa, boiando,

A lua sobre nós

Recortando, das folhas,

Debruns, formas, rascunhos

Nos prados rastejantes,

Mortiços, sossegados...

Desses antigos prados,

Da placidez de antes,

Soergo os testemunhos;

Cumeadas de escolhas

Por onde ecoa a voz

Num timbre fresco e brando

O que me oferece as chaves

Para as celas dos ouvidos.

17

Redescrevo o início

De nóveis ventanias,

Remoinhos de espelhos

Num céu que se reflicta

No fundo da cisterna

Emoldurando o espaço

A que faltam as horas...

Como se fossem riscos

De estrelas (de) cadentes

Entendo o precipício

Guardando as alegrias

Que a morte dá conselhos

A esta vida aflita

A construir- se eterna

No degelo que faço,

Se acaso te demoras.

18

Das ilusões culpadas

Pelos crimes de sentir,

Como maior castigo,

A punição de amar

Palavras, versos, rimas,

Ciladas e traições

De imagens recortadas

A contraluz e escuro;

É isto o que procuro

Como se eu fosse arcadas

Por onde as ilusões

Pelo tempo das vindimas

Se vissem, mas do mar

De estar de bem comigo;

Governador e emir.

Províncias? De alvoradas.

19

Relato- vos impérios

Da pulsação nas veias,

De ideias galopantes;

De magras nostalgias

De beijos debruados

Com o rubor de amoras...

Calcorreando trilhos

Ladeados pelo feno

Maduro, estaladiço;

Relato este feitiço

Pedinte, de mãos cheias,

Sob um luar ameno

Pejado de mistérios

E sonhos ululantes

Tal como as maresias...

Nos barcos ancorados.

Loja 19 nov.14

16,30h

11ª memória

Do poder
Como fraqueza

1

pedi tão pouco à vida

e a vida nada trouxe

a não ser o sossego

chamado solidão;

uma espécie de crença,

de sono ou frustração

de beleza bizarra,

de estranhos devaneios

como restos de sol

pelos dias de inverno.

Eis o meu poderio;

fraqueza que governo

na alma transbordante

pelos cadernos cheios

na alta majestade

que a vida a mim se agarra.

2

por esta substância,

a força religiosa

que pulsa bem mais alto

que todas essas crenças

sub- missas do destino

como um garoto ainda;

ingénuo, sonhador,

apartado do mundo

sensível, mas profundo

pelas regras do ardor,

tendência que não finda;

um tédio sibilino

mostrando- me as diferenças

por onde nunca falto

como a várzea formosa

ou regatos de infância.

3

ouço, dos lábios tristes,

a confissão negada

como um tinir de sons

num campo de batalha

da voz com o sentido

das palavras com versos...

converso, ainda agora,

com essas maravilhas.

Nos sulcos, nas vasilhas,

a chuva que me implora

que a ponha nos diversos

sons do poema erguido

na nuvem que tresmalha

estes momentos bons

a passear, por nada,

pelos campos que já vistes.

4

conservando a virtude

no acto de criar,

retirando o terror

a tudo o que não é,

descrevo o que contemplo

e, contemplando, fico

na breve melodia

da chuva pelos telhados...

assim, são mais cantados

- tal como gelosia-

os pingos que repico

na água, como exemplo,

da minha crença, ou fé,

tal como tem o mar

sem ser poeta... e ilude.

5

há um convite, estranho,

tal como o cauteleiro

que apregoa a fortuna

mas vive só de esmolas...

regresso, pelas rimas,

ao conforto do lar.

Lá fora, tão cinzento,

tanto frescor pela erva...

eu, filho de minerva,

retomo o magno intento;

este de versejar

pois sei quanto me estimas,

poesia que rebolas

tal como, pela duna,

um grão de areia, inteiro,

completo em seu tamanho.

6

imagem e semelhança

deste meu ideal;

nada mais busco, ou quero,

ou acho de atractivo.

Não sei se sou sincero

ou se antes sobrevivo

tal como, pelo poente,

o sol o céu menstrua...

e eu vogo, como a lua,

pelo céu de estar ausente

de mim, como cativo,

buscando um outro esmero

porque, morrendo, vivo

calmo pelo desespero,

criador mas mortal

lembrando uma lembrança.

7

se tudo se evapora,

a minha vida inteira

tem sido diluída

por trechos que descrevo,

pelos papéis escritos;

cenários de comédia,

tragédias e alaridos

em que me sinto ausente;

assim, sou mais diferente

do tempo, em tempos idos,

levando pela rédea

o eco dos meus gritos

no constante relevo

dessa paisagem erguida,

tomando a dianteira

pelo horizonte fora.

8

há poentes sanguíneos

lembrando a mortandade

de um campo de batalha,

a baleia arpoada

de um banho para suicídio

tal como lá por roma;

dono do mundo, em mim,

por mim mesmo passeio.

Voraz, neste receio,

buscando um outro fim

do início que me toma

na forma de um presídio,

muralha levantada

a celebrar a idade

dos meus próprios domínios.

9

a arte é a expressão
distinta desta vida;
é tudo o que nos sobra
e ainda nos faz falta
verdades da mentira,
mentiras verdadeiras,
humilhações felizes
pelos sonhos vulgares;
na sorte, os meus azares,
com a força das raízes
no declive das leiras
e as gotas de safira
de orvalho, e a lua alta
que fulge e se redobra
na sombra já estendida,
tal como a inspiração.

10

a noite é peso imenso

sobre os ombros dos olhos

como se fosse cruz

para cada um de nós...

arrasto, pela velhice,

gestos; sagrado instinto,

em teorias vãs

com a maior destreza

nas furnas da minha alma...

mas nada disso acalma

a sôfrega avareza

de roubar as manhãs

pelos olhos, pois que eu sinto

o que antes já vos disse

sem ser com esta voz

mas no rasgo de luz

pelo céu, tal como os molhos

de versos... com que penso.

11

se houver um erro crasso

que não seja existir

tal como redesperta

a árvore, pela matina,

e oferece folhas novas

ao sol que já desponta

da noite mais serena,

ainda em desalinho...

sentir- me- ei sozinho

sem que me valha a pena

o sonho em grande monta,

nem os versos, ou trovas,

nem a flor pequenina

sorrindo, entreaberta,

confirmando o devir

quando meus versos faço.

12

como uma orquestra oculta

que toca não sei onde

se perto ou mais ao longe...

levo, comigo, as cores,

os timbres, sensações

de " andante" ou bem mais lentas,

de " adágios" nas vidraças;

eu temo as ameaças

do silêncio que inventas

nos dias onde pões

os sonhos, desamores,

no meu olhar de monge

que a pálpebra me esconde,

que a alma sempre exulta.

13

como portões abertos

da casa abandonada,

com heras pelos muros,

e sombras por recorte...

assim correm os rios

a dedilhar o leito

por onde vão passando

na dócil pastorícia;

a escrita é uma carícia

pela alma, sem comando,

num ondear perfeito

de eternos calafrios

tal como esse da morte

que põe, nos olhos, escuros

para contemplar o nada

dos mares e dos desertos.

14

arde- me a nitidez!

Bem mais do que a cegueira,

bem mais do que os escombros,

bem mais do que as ruínas,

bem menos do que o sonho,

bem menos do que as metas

bem mais do que o desdém

bem menos do que o orgulho...

sou eu! O mês de julho

quando o braseiro vem

ardendo, nos poetas,

esse fulgor medonho

dos versos, das doutrinas,

dessa nudez dos ombros

despidos... de maneira

como a maior nudez.

15

pedi tão pouco à brisa

e ela revelou- se

terrível criatura

feita de ar apenas

num movimento inquieto,

esculpindo a saliência

das dunas e das fragas

da única maneira

com que te peço, inteira,

que regresses e tragas

a firme obediência

ao verbo que interpreto,

às vozes mais serenas

no remoinho da altura

como cântico doce

que a alma me eterniza.

16
se pertenço à descrença,
ao magno desalento,
para extrair a beleza
da própria covardia
na reclusão das horas,
no cárcere dos instantes,
nas grilhetas ferozes
de efémeros ideais...
que eu seja vendavais
no silêncio das vozes
mais néscias e ignorantes...
por isso é que tu choras
já escravo da poesia;
na plena realeza
da força por intento,
trazida de nascença.

17

couraço- me, sorrindo,

perante a sordidez

de opiniões alheias

de sonhos que não meus,

de pasmos que não tive,

de mares que nunca vi

que ver já não me interessa;

prefiro, antes, as rosas

onde tu, vento, glosas

um verso... mas à pressa,

que passou por aqui

e levou, pelo declive,

os meus olhos plebeus

que dele já estão cheios

na mesma sensatez

da flor do tamarindo.

18

ouço, da voz cantando,

a confissão aceite

mas de cabeça erguida,

de ombros para trás,

numa altivez guerreira

ou místico boémio

gritando às azinhagas

que sejam alamedas...

ouço... que me segredas

à espera que me tragas

a esmola do meu prémio;

a alma prazenteira,

a guerra pela paz

que almejo pela vida

para escrever o deleite

de um verso ardente e brando.

19

sou um narciso cego...
à espera que algum lago
se escave junto aos pés.
À espera que a viagem
do caminho traçado,
do destino que aguarda,
bem onde hei- de chegar,
sem nunca ter partido...
pedi tão pouco; o ouvido
redesenhou- me o mar
e vestiu- me com a farda
de estar em todo o lado,
tal como está a aragem
e o pranto das marés:
o que me oferece o afago
de ser narciso... e o pego.

Loja
20 nov-14
18,30 h

12ª memória

Da morte

Como regresso

1

Não morremos; partimos
Mesmo ao virar da esquina
Pois que ir é regressar
Aonde já estivemos;
Num cheiro a maresia,
De mirtos, de romãs,
De alfazema crescendo
Além, no descampado,
Vizinha dos tomilhos.
Na minha alma... há limos
Verdenhos, da doutrina,
Como é de jade o mar
E são de esperança os remos
Para anunciar o dia
Que nos traz as manhãs
Num grito, celebrado.

2

Nem velas, nem vitrais.

Se velas nos houver

Que sejam das barcaças

A escorregar pelo rio

Até onde começa

A chamar- se oceano

Depois... mais nada, azul;

Azul tão simplesmente.

Regresso, docemente,

Como regressa, ao sul,

O meu olhar de arcano

Descrente, que tropeça

Nas promessas de frio

Quando tu, vento, passas

E me ensinas a ver

Quem sou... e nada mais.

3

Já tudo tão previsto;

Já sido e ainda não,

Como disco riscado

Que se ouve e não se entende.

Como se língua estranha

Nos morasse no peito

E a alma, já mendiga,

Batesse porta em porta...

Não morremos.está morta

Apenas a cantiga

Do nosso riso, e o jeito

Com que a terra castanha

Remenda e não ofende

Sepulcro desventrado

Pois, no colo do chão,

Dorme o luar; por isto.

4

No esquivo sortilégio

Da tímida viagem

Que a si mesma procura

E em nada se revela;

Nem carvão, nem marfim

Como leões de fogo,

Gazelas de geada

Dormindo; lado a lado.

Diabo e deus; sou régio

No gesto de coragem

De beber, da loucura,

Mais esta e mais aquela

Morte; mas não de mim

Como se fosse um jogo

Que, de vereda a estrada,

Rasga, pelo meio, o prado.

5

Regressam nostalgias

De qauntos conhecemos,

De quantos se finaram

E nós... por cá andamos

Com ela dentro em nós

E nós com eles fomos

No acto da partida

Que de nós apartou.

Eu vejo, como vias,

Os horizontes extremos

E os sonhos que ficaram

Como ficaram ramos

A anunciar a voz

Das flores, dos frutos, gomos

Da polpa apetecida

Pela ave estando em voo.

6

Componho um céu, de novo,

De regresso ao sossego´

Por onde há mais vagar

Como se sitiado

Vivesse cá por dentro,

Como vagas plangentes,

Ao largo, pela baía;

Sonho; mas ao de leve.

Não sei quem isto escreve

No engano da poesia

Diversa de outras gentes

Que osculto e que desventro;

Sou pluma, mas pesado

No férreo deambular

Como pelo meio do rego

Tenho o universo covo.

7

Passeio, pelas ruínas
Dessa memória antiga
Como se fosse vaga
Que ao mar se escapulisse
Na fuga não prevista,
Que assim surpreendesse
A quietude de água,
De conchas e raízes...
Desses dias, felizes,
Fiz outros mas de mágoa
Para compor a benesse
Até onde se avista...
E o pranto, antigo, ri- se
Como pela azinhaga
Sorria uma cantiga,
Das casa pequeninas.

8

Avivas- me o passado

Se eu cheiro a madrugada

Tal como quem semeia

Caindo o gesto à terra

E o tempo, devagar,

Pachorrento das horas,

Mais que o mundo do adeus,

Recolho já, da tarde,

A estrela que ainda arde

Algures nos gestos meus

Quando, saudade, imploras

Do ocaso o versejar

O que, na alma, ferra

O deslizar da areia

Na dócil derrocada

De um tempo descansado.

9

Não morremos; sonhamos

A plena brevidade

Das horas escapulidas

Por entre os magros dedos,

Nas páginas de um céu

Que falta descobrir

As auras, mas passadas

Nas minhas mãos saudosas,

Liberdade das flosas;

Felizes passaradas

As de alcácer- quibir

 Na neblina de um véu

Para resguardar segredos

Das misérias escondidas...

Tempo; somando a idade

Árvores velhas; sem ramos.

10

A largura da tarde,

O peso da manhã,

 O comprimento estreito

A fundura perpeita

Dos lados que não há...

Quando a morte chegar,

Mas não como derrota

Mas sim como conquista

Que outra maior se avista,

Me acena... da aldeota

Lá baixo, junto ao mar

Pois que cheguei de lá

Onde o luar enfeita

As ruas do meu peito...

Da essência não covarde.

Poesia, minha irmã.

11

Sou uma sala vazia

Replecta de memória

E os móveis da minha alma

Prometem- me o regresso

De imberbes euforias;

Ardores de beijos mansos

Pelos dedos dos rebanhos...

Vivência que escasseia.

Eu vivo em vida alheia;

Outros não eu; bem estranhos;

Horas que não são dias

Se ofereço, e logo peço

O turbilhão da calma

Compondo uma outra, inglória;

Outra cartografia.

12

Onda após onda, as vagas

A gota de água, o pranto...

E finjo estar dormindo

Para que a morte vá

De largo, e não me veja,

Não me pressinta, ao menos,

Tampouco, em vão, me aborde

Florindo como um rio

No frio que há no frio...

Tal como existe um acorde

De harpa pelos fenos

Da aragem, na peleja

De me saber por cá;

Nesse compasso lindo,

Feitiço de quebranto

De um verso aberto... em chagas.

13

Vou pela furna imensa

Assim como goteja,

Nas barrocas de algarves,

Como fundões medonhos,

De outros correntezas

Se acordo e desfaleço

E vou, ao seu sabor,

Às fossas abissais...

Vós, versos que passais

Pela minha alma em flor,

Por onde já tropeço

Nestas quase- certezas,

Geradas de outros sonhos...

Para que a vida escarves

Mostrando o que sobeja

Do génio que me pensa.

14

Vejo, por mim, o abrigo

Que a vida me acomoda

Com portas mas sem chave,

Janelas mas sem vidros,

Lareira onde outrora,

No torreão do espanto,

No linho dos sorrisos...

Uma alma arrefecida.

Ãssim se esvai a vida,

Tal como os campos lisos

De onde, hoje, levanto

O despertar da aurora;

Pastos secos, anidros

Espiando o voo da ave

Por todo o céu em roda...

Por estar de bem comigo.

15

Tenho a palavra à espera;
Silêncio pensativo
Erguendo, ao céu, as torres
Negridas, mas de escuro,
Brilhantes de indiferença
Perante o vento norte,
Rajadas de sueste
Como um tremor cativo;
Ó morte és tu que morres
Pois continuo esquivo;
Suave mas agreste
Par renegar a morte,
Para que, enfim, a vença
Pois nada mais procuro:
És tu morte que morres!
Renasço porque vivo.

16

Nas palavras poupadas

No térreo mealheiro

Para os dias de pedinte,

Como de feira em feira

Mendigasse a ventura

Nesse meu canto aflito...

De voz e mão estendida;

No meu quinhão bendito,

Esbanjando esta fartura

De tudo quanto invejo,

Pejado de requinte

Tal como caminheiro

Dormindo em almofadas,

Com sonhos às braçadas

Vejo a visão que abeira

Meu canto de lonjura...

17

A cova, o mundo escasso,

Colo da terra ciosa

Como cifras a giz

No quadro de uma escola

Para os silêncios vermelhos...

Como o sangue que escorre;

Chagas de ter vivido

Cantando o passamento;

Existo, porque invento

O pasmo, o alarido;

Carpideira que morre

Tombada, de joelhos;

Cabelos de corola;

Flor murcha e infeliz

Lembrando uma nublosa

Que descrevo... num traço.

18

Tudo é redondo; o fecho

Num coração toucado

Esperando a despedida

Nas águas sossegadas;

Água de parto e ardentes;

Frutos em demasia

Para o repasto incerto

Da solidão maior...

Redondo é o redor

Além, e aqui mais perto,

Se eu chamo a nostalgia

E ela me traz, contentes,

De outros versos, ninhadas

A celebrar a vida

Para lá do outro lado...

Do que já foi entrecho.

19

Não morremos; voltamos

Tal como se renova

A lua, o sol, as flores,

Os rios, o bem e o mal,

A força e a fraqueza,

A esperança, o desalento;

Como túnica ardente

Lençol para sepultura.

Voltamos; que é mais pura

A viagem de volta

Que embala, docemente,

Este meu novo intento

De escolta sempre acesa

Da hora mais total

Que vai...por onde fores;

Alma! A florir, nos ramos!!

Loja

22 novembro 2014

12,40 h